Smile, please

smile 123

【跟一行禪師過日常】怎麼坐
作者：一行禪師（Thich Nhat Hanh）
譯者：吳茵茵
責任編輯：潘乃慧
封面設計、繪圖：王春子
校對：呂佳真
法律顧問：董安丹律師、顧慕堯律師
出版者：大塊文化出版股份有限公司
台北市105022南京東路四段25號11樓
www.locuspublishing.com
讀者服務專線：0800-006689
TEL：(02)87123898　FAX：(02)87123897
郵撥帳號：18955675　戶名：大塊文化出版股份有限公司
版權所有　翻印必究

總經銷：大和書報圖書股份有限公司
地址：新北市新莊區五工五路2號
TEL：(02) 89902588　FAX：(02) 22901658
初版一刷：2015年10月
初版二十刷：2023年5月

定價：新台幣160元
Printed in Taiwan

一行禪師
Thich Nhat Hanh

怎麼坐

How to Sit

吳茵茵　譯

目錄

首先，放下手邊的一切。

找個舒服的地方坐著。

哪裡都好。

留意呼吸 。

吸氣時，

覺察自己正在吸氣。

呼氣時，

覺察自己

正在呼氣。

坐禪筆記

許多人坐著的時間很多——太多了。工作時坐著，用電腦時坐著，開車時也坐著。在這本小書裡，「坐」的意思是舒服自在地坐著、放鬆地坐著，帶著覺醒、平靜、清明的心坐著。這就是我們所謂的「坐」，是需要訓練的。

身、心、呼吸

在日常生活中，我們的心思散亂。身體在一處，沒有注意到自己的呼吸，心到處遊蕩。把注意力帶回呼吸上，吸氣時，身、心、呼吸三者合為一體。這是可以瞬間發生的；你回到自己，覺察力把這三個元素整合起來，讓你能夠全心全意地處在當下：照顧身體、照顧呼吸、照顧心靈。

煮湯時，要把對味的食材全部放入湯鍋，再用小火燜煮。呼吸就是湯底，把不同元素融合在一起。我們用呼吸沐浴心靈，讓兩者合而為一，身心回歸一體。

　　不必控制身、心、呼吸，只要覺察它們就好。順其自然，這就是非暴力。

平靜的感染力

正念的能量可以改善整個生命。只是觀察吸氣，自然地吸氣，就會看到呼吸自然而然平靜下來，更深沉和諧，這就是純然覺察的力量。呼吸變得更深沉平靜，對身心有立即的影響。平和寧靜是有感染力的。

汪洋中的一艘船

想像一艘滿載乘客的船正橫渡大洋。船遇上風暴，要是有人慌亂驚恐、衝動行事，就會讓整艘船陷入危險。但如果有人保持平靜，就算只有一位，也能喚起他人心中的平靜力量。這個人能拯救全船的人，這就是「無行」的力量。我們的身心狀態，是做出合適行動的基礎。細看自己和身邊的人的行動，就能發現行動背後我們生命的品質。

沒在做什麼

想像森林裡矗立的群樹，彼此雖不交談，卻感受到彼此的存在。你看著這些樹，可能會覺得它們沒在做什麼，它們卻在默默地生長，為大地萬物提供清淨的空氣。我喜歡把坐禪描述成「享受沒在做什麼」，而不是練習專注、練習觀照而得智慧。坐禪主要是享受純然坐著的喜悅、全然地活著，體會正在運作的身體是多麼奇妙，感受清涼的空氣、人聲鳥鳴，還有天空不斷變化的顏色。

禪修

坐禪，就是靜靜坐著、保持覺察。禪在日文的發音為 zen，在梵文裡是 dhyana。禪就是練習停下來、深入觀照。不見得要坐著才能修禪。任何時候，你深入觀照，不管是行走、切菜、刷牙或如廁，都可以禪修。要能深觀，就要有時間停下來、觀照當下的現象。

帶著念與定，你就能把注意力帶到當下，深入觀照。你會開始看到眼前事物的真實本性。那可能是一朵雲、一粒石子，或是一個人。也可能是心中的怒火，或是自己的身體，以及身體的無常本質。每次我們真正停下來深入觀照，就能更瞭解自身內外事物的真實本性。

別光是瞎忙，好好坐下

別人要你做事時，會說：「別光是坐著，去找事情來做。」但如果你生命的質素很差，沒有足夠的平靜、理解、包容，而且還充滿憤怒和擔憂，那麼你所做的事情也不會好到哪裡去。行動應該要以健康的人生品質作為基礎。生命的存在是一種「無行」（non-action），而「無行」的品質決定了「行動」（action）的品質。「無行」就已經很了不起了。有些人似乎沒在做什麼，但他們的存

在對於世界的安定康樂至關重要。你可能認識這樣的人：他們穩重、不瞎忙、沒有賺很多錢、沒有參與一堆計畫，但他們對你很重要。他們存在的品質，讓他們真正用心地對待來到面前的每個人、事、物。他們奉獻的是「無行」，也就是他們存在的高度品質。踏踏實實、全然活在當下，就能為我們集體面對的情況帶來非常正面的貢獻。

木檯上的和尚

我在越南還是沙彌時去了海德寺,在那裡看到一位禪師在打坐。他不是坐在禪堂裡,而是坐在一個由五塊木板搭起來的簡單檯子上。檯子漆成棕色,非常乾淨,上頭擺著一張小桌子,四個桌腳都有點彎曲了。桌面上有個花瓶,裡頭有花。我看到禪師坐在木檯上,面對著桌子。他坐得非常自在平靜,背脊挺直卻不僵硬。

我小時候看過佛陀在草地上禪坐的圖畫，畫中的佛陀看起來非常自在放鬆、平靜慈祥。那天在海德寺，我看到真真實實的一個人，坐得就跟圖畫裡的佛陀一樣，但是他跟我一樣是活生生的人，不是圖畫中的畫像，也不是另一個世界的神。看到這一幕是非常神聖的經驗。當時的我，希望有一天能坐得跟那位僧人一樣；我知道這麼坐會帶來幸福。

少做一些

許多人一直在找更多事情來做。我們找事情做，是因為覺得有需要，想賺錢、想達成某個目標、想照顧他人，或是想讓生活和世界變得更好。我們經常因為習慣、別人的要求，或者覺得是應該做的，而不假思索地去做一件事。但如果我們生命的根基不夠堅實穩固，那麼做得愈多，社會的問題也愈多。

有時候我們做了很多，但其實什麼也沒做到。有很多人一天到晚都在工作；也有一些人好像常常在禪修，一天撥出好幾個小時坐禪、誦經念佛。他們燒了許多香，但從來沒有轉化自己的憤怒、沮喪和嫉妒。這是因為生命品質是所有行動的基礎。如果帶著有所求的心，或是抱著評斷、執著的態度，那麼所有行動都會沾染那樣的素質，就連禪修也一樣。生命的品質是我們能帶給世界最正面的元素。

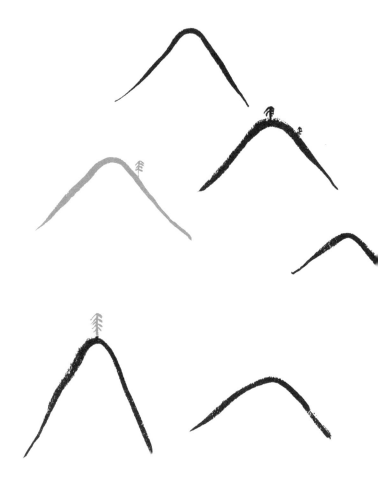

享受呼吸

坐下來時，首先要覺察呼吸；覺察呼吸是照顧自己的第一步。覺察吸氣和呼氣，就會看到氣息如何流遍全身。你開始照顧自己的身心，也開始從呼吸這單純的行動中找到喜悅。每一個吸氣都能帶來喜悅；每一個呼氣都能帶來平靜與放鬆。如果坐禪需要理由，這一點就夠了。坐禪時，不用抱著有所求的心，比如求開悟或變聰明，只要享受坐著和呼吸就好。

禪悅

如果問小朋友：「你為什麼要吃巧克力？」他應該會回答：「因為我喜歡。」吃巧克力不是為了什麼。假想你爬上山丘，站在山頂俯瞰四周，可能會覺得站在山頂真快樂，這也不是為了什麼。為坐而坐，為站而站。坐禪不是要達到什麼目標或目的，只因為坐禪讓你覺得開心。

慶祝

吸氣與呼氣念念分明，這已經是智慧了。人
人都在呼吸，但不是每個人都覺察到自己在
呼吸。吸氣時了了分明，知道自己活著。若
非活著，你不會吸氣。活著是最偉大的奇
蹟，是值得歡慶的事。當你這麼呼吸時，呼
吸就是在慶祝生命。

跟隨呼吸

正念一定是對「某個現象」保持正念。念，就是注意，但注意什麼事情？正念一定有對象。坐禪時，我們覺察呼吸。隨著呼吸，從吸氣的開始，一直到呼氣的結束，都維持正念，這就是正念呼吸。每次練習正念呼吸，就能多體會一點正念的感覺。

深觀

坐禪是幫助我們療癒和轉化的練習。幫助我們身心合一，同時深入觀看內心和周圍的事物，從而看清事物的真實面貌。深觀就能照亮內心的幽暗處，穿透事物的核心，見到它們的真實本性。

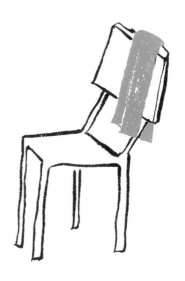

生活禪

大多數人聽到「禪」這個字，想到的幾乎都是坐禪，但其實禪修有很多種。正念禪修隨時隨地都可以練習，而且不管身體處於什麼姿勢，坐著也好，或是行走、站立、躺臥，都可以練習。帶著正念覺察來從事日常活動，就是在禪修。

智慧

禪修者修習觀照，就能得到智慧（prajña）和了悟。智慧的力量幫助我們解脫內心的苦與束縛。禪修的過程中，心結得以解開；內心的苦，比如怨氣、恐懼、憤怒、絕望與仇恨得到轉化；人際關係、與大自然的關係都輕鬆許多；喜悅自在滲透我們。我們覺察到自身內外的世界；在日常生活中變得更神清氣爽、朝氣蓬勃。我們有更多快樂自在，就不會再做令他人痛苦的事，還能在改變自己的同時，幫助周圍的人自在。

為何打坐？

為何坐禪？坐禪時，我們為自己和他人帶來喜悅與滋養。每次坐禪，我們的修習都能讓世界從中受益。我們安穩、放鬆、祥和、身心愉悅。我們坐的時候彷彿端坐蓮花之上，而非熊熊燃燒的木炭堆中。

開悟的一刻

兩千多年前印度的悉達多，在菩提樹下靜坐了很久才開悟成佛。他雖然看起來只是坐在那裡動也不動，但他的身體也參與了覺醒的過程。他非常仔細地觀照自己的身體、感受和認知。他繼續修行，念與定的力量也愈來愈強大。一天的破曉時分，晨星出現時，他證得解脫，破除了內心所有黑暗。那是他開悟成道的時刻。

不修而修

有些人靜坐時，表現得一副很認真在坐的樣子，實在很可笑。你了了分明、帶著喜悅吸氣時，不用跟別人炫耀，好像在說：「你知道嗎，我正在覺察吸氣喔。」別擔心自己禪坐的樣子；練習不修而修。只要全心全意修習，就是向他人傳達禪修精華的最好方式。

回家了

坐禪時，要覺得自己好像回到了家。坐禪不是坐在那邊掙扎，而是回到當下。享受回家的感覺，回到家真好，這種自在的感覺真好，而你真正的家就是此時此地。用這種方式坐禪，喜悅與平靜就會成真。你散發出這種喜悅祥和的光芒，便能利益到周圍的每個人。

自由自在

在當下，我們能放下對過去的悔恨和對未來的恐懼。沒有自由，就不可能快樂。回到當下，就從煩惱、恐懼、懊悔、計畫和忙碌中釋放出來。

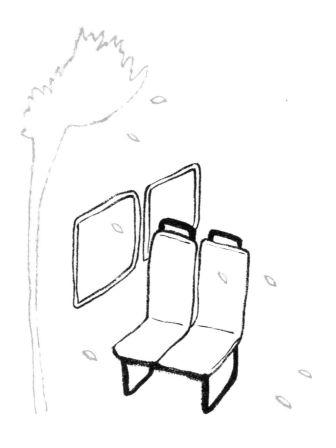

隨時隨地帶給自己滋養

在家裡或工作場所有個安靜的地方坐下當
然很好，但其實不管在哪裡，都可以練習正
念安坐。如果你搭火車或公車上班，這些地
方就是練習靜坐的理想場所。與其滿腦子想
著計畫專案、工作同仁、待辦事項，不如享
受一呼一吸，釋放身體的緊繃，也讓心脫離
思緒、歇息一會兒。公車或火車就是你的禪
堂。不管在哪裡，都可以利用時間滋養、療
癒自己。

舒服地坐著

坐禪時，要背脊挺直、全身放鬆。坐姿放鬆
穩固，就能舒服地坐上好一段時間。身體安
穩，心就能平靜下來。穩固的坐姿能把身心
都安定下來。如如不動地坐著，把身、語、
意的行為降至最低；原本可能淹沒在思想裡
頭的我們，就不再受到念頭與感受的牽制。

菩提樹下

「偈頌」（gatha）是傳統的短詩，可以在禪坐時念誦。你可以自己創作，或是念誦曾經聽過的，比如以下這首：

坐在這裡
就好像坐在菩提樹下。
我的身體就是正念，
心專注一境、毫不散亂。

獄中坐禪

我有一位越南籍學生,她在美國印第安納大學攻讀英國文學,之後回到越南出家為尼。身為尼眾的她非常活躍,努力想幫助人民減輕日常生活的苦,結果因為這些行動被警方逮捕入獄。她會在牢房裡練習坐禪,但往往受到阻撓,因為獄卒把她的坐禪視為挑釁行為,認為她透過靜坐表示抗拒。因此,她總是必須等到夜闌人靜、燈光全熄之後,才能像自由人一般安坐。把她打入牢裡的人想控

制她，她必須修行，才不會迷失心智；坐禪讓她的心靈得到空間。她也教導其他牢友坐禪、觀呼吸，減輕身心苦痛。她身陷囹圄，心卻全然自由。如果你靜坐能達到那種境界，在你四周再沒有圍牆；你與整個宇宙相應。外頭的人把自己囚禁在煩惱與憤怒的監獄裡，你卻比他們還自在。別人可以從我們身上偷走許多財物，卻偷不了我們的決心和修持。

輕安

全然放鬆自在地坐著，放鬆身上的每根肌肉，包括臉部肌肉。放鬆臉部肌肉的最好方式，是觀照呼吸的同時，溫柔地微笑。靜坐時不要太用力，或是掙扎抗拒。放下一切，就不會背痛、肩膀緊繃或頭痛。如果能找到合適的坐墊，就能坐很久而不覺得疲累。

要怎麼做

有人會說坐禪時，不知道該怎麼做。「只管打坐」是曹洞宗的禪法，意思是坐禪時不求奇蹟，包括開悟這個奇蹟。如果總是抱著期望坐禪，你就不在當下了。當下此刻，包含整個生命。

放下

坐的時候，輕安自在、放鬆喜悅。許多人內心充滿焦慮、手上有做不完的事情，被壓得喘不過氣來。我們隨身攜帶過往的悲傷與憤怒，成為讓生命沉重的包袱。坐禪就是練習放下不必要的包袱，這些東西只是快樂的障礙。坐禪和呼吸的輕安都滋養著身心。

我們內心平靜，才能深觀負面情緒，看到它的根源，更瞭解它的本質。首先以禪悅滋

養身心，讓呼吸、身體和思想都平靜下來。接著全然接納那負面的感受，這能帶來些許的舒緩，給我們更扎實穩固的基礎，來觀照和轉化苦惱，得到所需的療癒。

最後，探索煩惱情緒之所以生起，是因為當下發生的狀況，或來自過去的執著。如果是因為執著過去，可以開始放手，更如實地觀照、體驗當下。

微笑

坐禪時，可以試試看輕輕地微笑。這是自然
的微笑，而不是扭曲嘴臉，或是強顏歡笑。
微笑能讓臉部所有的肌肉放鬆。對全身微笑
時，就好像沐浴在清新沁涼的泉水中。

喜樂

呼吸時，身體也跟著放鬆平靜下來，這時就是在體驗喜與樂。這是活著的喜悅，能夠同時滋養身心的喜悅。坐禪時什麼都不用做，只要在覺照中吸氣與呼氣，光是知道這點就是一大樂事。無數的人在忙碌的生活中，像溜溜球一樣彈跳擺動，從來沒有機會品嚐這種喜悅。如果沒辦法撥出幾個小時坐禪，也不用擔心。坐個幾分鐘、覺察呼吸，就能帶來極大的喜樂。

呼吸的空間

不管是在工作場所、樹下或家裡的坐墊上，每次坐下來都要享受坐的時間，才不會覺得這是艱苦的練習。坐禪是非常愉悅的。挪出一個專門坐禪的空間、角落或坐墊。一到那個地方，就會立刻感受到坐禪的喜悅與放鬆。不管是單獨靜坐或跟朋友共修，你都能完完全全處在當下、真真實實活在當下。

以鐘聲開始

坐禪時以鐘聲作為禪修的開始是很美好的。鐘聲是自性之聲,把你喚回到當下。美妙的鐘聲提醒我們真正的家就在當下。聆聽鐘聲有助於禪修練習。聆聽鐘聲時,要覺察呼吸。

請鐘

與其說「敲鐘」，我喜歡說「請鐘」。呼吸三次之後，我們喚醒鐘，方法是用鐘棒輕觸鐘後停在那裡，因此鐘聲聽起來像是隱約的。再一次深呼吸後，才請完整的鐘聲。如果沒有鐘或磬，可以把鐘聲的錄音檔下載至手機或電腦。*

*http://plumvillage.org/mindfulness-practice/mindfulness-software/

聆聽鐘聲

坐禪時聆聽鐘聲，我們用全身的細胞來傾聽。心也是由類似「細胞」的元素構成，也就是念頭、感受、認知，還有我們對於事情是如何以及應該如何的想法。所有的心行（mental formations）以種子的形式存在潛意識中。以憤怒為例，憤怒的種子被觸碰時，會在意識展現，這時我們稱之為心行。不管心中生起什麼樣的心行，都可以讓它聆

聽鐘聲。無論是擔憂、憤怒、恐懼或愛執，我們都讓心行和我們一起聆聽鐘聲。就像一朵花是由非花的元素構成，我們也是由非我的元素構成。我們的構成元素包括祖先、文化、食物、空氣和水。我們由色、受、想、行、識五蘊構成。我們邀請每一蘊來傾聽鐘聲。以這種方式聆聽，將為身心的每個細胞帶來寧靜。

陪伴呼吸

如果家裡有鐘或磬，不管是誰都能隨時請鐘，把家裡所有人帶回到自己。每次聽到鐘聲，你就停下正在說、正在做或正在想的事情。隨著鐘聲和呼吸回到自心的家，回到當下、此時此地。你學會活著的藝術、安住在當下的藝術。活著的意思是處在當下，觸及內心與外在的生命之美妙。這項練習很簡單，每次聽到鐘聲，就好像有人在呼喚你：「回家吧，我的孩子，別再跑了。回到自心的家，回到生命的家。」

建立良好習慣

經常坐禪，就會養成習慣，你會放下到達某個地方的執著。就連佛陀在成道之後還是每天坐禪。除了當下之外，你沒有任何要到達的地方。

習性

坐禪時，可能會覺得有什麼在推動我們起身去做其他事情。這是每個人內心都有的一股能量，稱為習性。習性的燃料來自於舊有的模式、情境或習慣，而不是真實需求或當下的真實情況。

習性一直推動著我們。我們慣性地認為，此時此地不可能得到幸福快樂，應該要去其他地方或未來尋找快樂，這就是我們一直在追逐奔跑的原因。我們的上一代也在奔波，

他們從祖先接收到這種習性，再傳給我們；
這是長久以來的習性。我們深信未來才會具
備更多快樂的條件，深信「真正的人生」在
於別的地方，這是因為我們的習性，讓當下
看起來索然無味。

　　這是一股強大的能量。如果沒有覺察，會
變得比我們還強大。坐禪和請鐘時，鐘聲提
醒我們放下慣性的能量、回到家。

印度的公車上

幾年前我去印度,指導達利特人(Dalit)
禪修。他們是印度社會的賤民階級,幾千年
來備受歧視。他們許多人轉信佛教,因為佛
法的修持裡沒有種姓階級之分。幫忙籌辦行
程的是佛學會的一位達利特男子。他有家
庭,在新德里有棟公寓,享受舒服的物質生
活,但還是帶著他階級的習性,也背負其他
人對他的歧視。在公車上,我坐在他旁邊,
欣賞窗外的印度風景。側頭一看時,發現他
繃緊地坐著。我享受這趟公車之旅,但他完
全相反。我說:「親愛的朋友,我知道你很
用心,希望我這趟行程舒適愉快。我現在覺

得非常舒服愉快，所以請安心，放輕鬆吧。」他說：「好。」然後把背往後靠，放鬆了下來，我也繼續欣賞窗外的景色。幾分鐘後，我又側頭一看，發現他再度回到僵硬的老樣子，因為那些擔憂、感受，還有隨時都在掙扎抵抗的習慣，是代代相傳下來的。停下來、認知到舊有的習性又在作崇並不容易，我們都需要朋友隨時提醒我們一下。如果周圍沒有人，那麼鐘聲就可以擔任那樣的角色，提醒我們意識到自己舊有的習性，並且對它微笑，這麼一來就能不受牽制。

觀看清楚

坐下來後，第一件事情就是留意吸氣和呼氣，把注意力完全放在呼吸上。如果真正練習，呼吸就會逐漸平穩下來。平和的呼吸能舒緩身心，這是坐禪首先要做的。一旦平靜下來，就能看得更清楚。當我們的視野不再模糊，看待事情會帶著更大的理解，對自己和他人的慈悲也會油然而生，這時就可能達到真正的快樂。

修持的禮物

正念安坐、呼吸,為生命注入四個重要元素:平靜、清明、慈悲與勇氣。內心平靜清明,會激勵你更為慈悲。慈悲帶來勇氣,而勇氣帶來真正的快樂。具有大悲心,就有能力勇敢地行動。你有足夠的勇氣深入觀照舊習慣、承認恐懼,做出斬斷貪愛與憤怒的抉擇。對自己和他人沒有足夠的慈悲,就不會有勇氣斬斷痛苦煩惱。

覺知身體

呼吸變得平靜而愉悅時，身體也開始獲益。
在日常生活中，我們許多人都忘了自己有個
身體。我們的身體經常飽受壓力和痛苦。我
們往往忽視身體，直到疼痛變得太強烈，才
意識到自己有個身體。如果平靜地呼吸，這
股寧靜就會傳送給身體。了了分明地坐著、
呼吸，就是把心帶回到身體，這時我們才意
識到身體的存在，身體累積的緊張也會跟著
釋放出來。

坐禪是修持，也是奢侈

坐禪是修持。我們習慣的坐，是坐在電腦前工作、坐著開會，或者坐在螢幕前發呆。所以我們要練習坐著的時候，心不散亂地跟自己在一起。在這個時代、現代文明社會，大家認為坐著、什麼也不做是奢侈，要不然就是浪費時間。但是坐禪帶來的寧靜與喜悅最能滋養身心，而且撥出一點時間坐禪，人人都做得到。坐著、什麼都不做，真是一大享受！

重點

重點是訓練自己正念安坐。你愈是訓練自己，就愈能深入觀照你的想法和感受。你可能會覺得：「好無聊啊！」「坐禪真笨。」「我現在非得去做點別的才行。」會有那些念頭和感受，可能是舊有的習慣和過去的經驗所致。是什麼讓你無法體驗當下？繼續觀呼吸、繼續安坐，這就是修持。

感受之流

人人都有源源不絕的感受——愉悅的感受、討厭的感受和不好不壞的感受。感受一個接一個，就像匯聚成河的涓滴之水。靜坐時，如果感受之河在我們身心流過，我們很容易被強烈的感受拉到下游。因此我們要坐在河岸上，觀看流過的感受，如此就不會被流水沖走。我們可以為感受命名：「這是愉悅的感受。」「這是痛苦的感受。」我們也可以為憤怒和恐懼這類心行命名。賦予感受名

稱，是為自己和感受之間製造一些距離的第一步。我們明白感受就只是感受，而且是無常的。感受會來，也會離開。

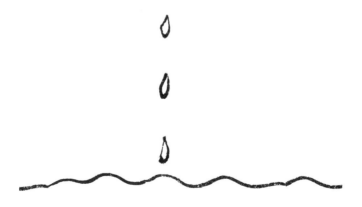

安然度過強烈的情緒風暴

強烈情緒就像風暴，能造成嚴重的傷害。我們要知道如何保護自己，創造一個可以度過風暴的安全環境。我們要練習的就是維持身心的安全、不受風暴影響。每度過一場風暴，我們就會變得更堅強、更不畏風雨。

我們可以學習處理從意識深處浮現的痛苦感覺和強烈情緒。情緒只是人的一部分，不是全部。對於內心的變化，我們知道就好：

「吸氣，我知道這只是情緒，不是我的全部；情緒只是我的一部分。」這是很基本的體悟。情緒會出現、停留一會兒，然後離去。我們為什麼要為一個情緒而死？練習幾分鐘之後，風暴會自然減弱，你會看到自己多麼容易就渡過難關。風暴形成之前就要開始練習，否則你會忘記，進而被風暴捲走；這就是為什麼每天練習非常重要。

腹式呼吸

每次風暴來臨時，就安靜坐著，回到呼吸和身體上。不管你認為痛苦的來源是什麼，都把注意力轉移到呼吸上。正念分明地觀照呼吸是你在風暴中的錨。把注意力從頭部往下帶到腹部，才不會繼續鑽牛角尖、幻想個不停。緊緊跟隨呼吸就好，提醒自己：「我經歷了不少風暴，每場風暴都會過去，不會永遠停在這裡，所以目前的心理狀態也會過去。」

如果看到樹梢被狂風暴雨吹得東搖西晃，會覺得那棵樹隨時會被大風吹倒。但如果看的是樹幹，就會發現那棵樹其實非常穩固，肯定能撐過這場暴風雨。我們的腹部就像樹幹。呼吸時，練習一心不亂，將注意力放在下腹部，讓情緒自然過去。

不好不壞的感受

靜坐時，以正念觀照呼吸，就會覺察到平常忙碌時沒注意到的各種情緒。除了覺察到悲傷和喜悅之外，也會意識到不好不壞的感受。這種中性的感受是一種既非愉悅也非痛苦的覺知，比如覺知到身體某個沒有疼痛的部分。帶著覺察，就能把中性的感受轉變成愉悅的感受。

牙痛時，感覺非常不舒服。沒有牙痛時，你的感受是不好也不壞；你沒有覺察到牙齒不痛。正念覺知到自己沒有牙痛，那麼不好不壞的感受就變成平靜喜悅的感受；你會非常開心當下這一刻沒有牙痛。把中性的感受轉化成喜悅的感受，就是在滋養快樂。

觀照

坐禪有兩方面，一是「止」和平靜身體，這已經是一種莫大的幸福之源。二是「觀」。安靜坐禪時，你能平靜身心，沒有任何事干擾你輕安、喜悅的狀態。但如果這樣就滿足了，你就不能在轉化心識深處上更進一步。有些人靜坐只是為了忘掉生活中的煩惱和問題，他們就像躲避獵人、蹲伏在樹籬下的兔子，或是躲在地窖裡避開炸彈的人。

把靜坐帶入世界

坐禪時，自然會生起受到保護的安全感，如果開始嚐到這種感覺，可能會不願意離開這樣的狀態；但我們總不能永遠坐著吧！我們可以在每個動作中繼續保持正念覺察；不管是行走、說話或工作，都念念分明。這就是全心投入生命，能為人際關係和世界帶來喜悅。

上方的星空

不管身在何處，每當我們坐下來，頭頂上方總是有漫天的星河。我們坐在一個星球上、一個在銀河系中旋轉的美麗星球。帶著這樣的覺知安坐，就能擁抱全世界，從過去到未來。像這樣安坐時，喜悅無邊無際。

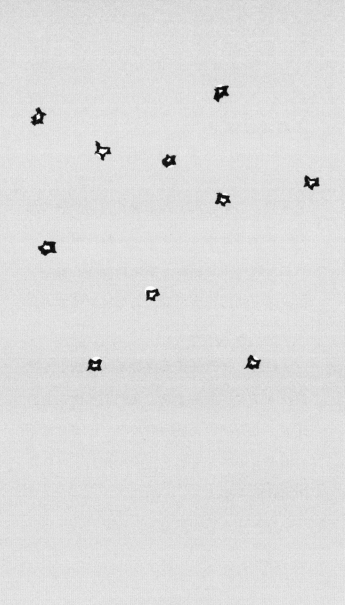

處處活在當下

坐禪時，如果能夠達到平靜喜悅的狀態，那麼不管到哪裡都可以安坐。不論是機場、火車站、河岸或是監獄，處處皆能靜心安坐。如果人人知道怎麼坐禪，這個世界就會更祥和寧靜、喜悅快樂。

坐禪時，我們是真真實實地活在當下；我們回到了家、抵達了家。我們全然處在此時此地，沒有被過去或未來拉走，也不被當下的憤怒或嫉妒牽著走。這麼坐禪時，就是自由自在的一個人。

岩縫中的小花

獨自靜坐時，就算沒人看見，也相當美麗。
一朵小花從岩縫中冒出來，也是一幅美景，
就算沒人看到也無所謂。

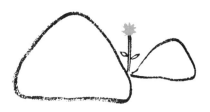

坐禪與拖地

坐禪時培養的品質可以應用在日常生活中的每一刻。比如拖地時，我們拖地就只是拖地，而且享受拖地的過程，覺得相當愉快。坐禪體驗的快樂與滿足可以帶入日常生活中。我們可以開開心心地拖地。

重拾清新

日常生活中，我們可能迷失在思緒和擔憂裡，或各式各樣的專案計畫中。靜坐就是讓自己重拾清新，全然處在當下、活在當下。隨著呼吸、安定身心，就能輕易、迅速地回到當下。只要五秒鐘或十秒鐘的時間，就可以全然修復自己，真真實實地活在當下。我們把這種生命品質送給自己，送給彼此，送給世界。

精神糧食

坐禪不是職責或義務，而是每日的滋養，就跟進食一樣。把每日坐禪當成精神糧食。坐禪時，產生的正念能量和輕安滋養我們的喜悅。盡量固定練習坐禪，別剝奪自己和世界享用這種精神糧食的機會。當我們看到自己的修習能滋養我們和世界，心裡就會充滿喜悅，覺得生命發揮了用處。

數息

初學坐禪，數息最易得力。第一次吸氣與呼氣時數「一」，第二次呼吸時數「二」，依此類推。如果心思飄走、忘了自己數到哪裡，就回到「一」重新開始。數息練習有助於培養專注力。你可能以為數到十很容易，但其實要非常集中，才能一邊正念觀照呼吸，一邊數到十。

利用時鐘

如果你有滴答滴答響的時鐘，可以試試看隨著時鐘的韻律呼吸。這麼做能幫助你停止思考，把注意力放在呼吸上。

坐禪筆記本

準備一本筆記，記下坐禪當中的心得，或是在之後寫下感想，這非常有用。如果每次都在同一地方打坐，可以把筆記本放在那裡。如果你隨時隨地都找機會坐禪，可以把筆記本放在包包裡隨身攜帶。你可以記下出現的念頭和體悟，也可以畫圖。坐禪後內心清淨，這時寫下感想能帶來很大的滿足感。寫完之後不用馬上閱讀，放一陣子，如此便能不帶判斷地繼續體會。

我們是一條河

你可能以為自己是一個人在靜坐，其實祖先都跟你一起坐著。你的父母、祖父母、曾祖父母，不管你認不認識，他們都在你的血液裡。承認他們的存在，邀請他們跟你一同呼吸：「親愛的爸爸，這是我的肺，也是你的肺。我知道你在我身體的每個細胞裡。」吸氣時，可以在心裡說：「媽媽，歡迎妳跟我一起吸氣和呼氣。」你身體的每個細胞裡都有祖先的蹤影。你可以邀請世世代代的祖先

跟你一同享受吸氣與呼氣。你不是孤立的個體，你是歷代祖宗的結晶。你平靜地呼氣時，你身上的歷代祖宗都一起平靜地呼氣。祖先在世時，可能沒機會練習正念安坐或觀呼吸；但現在，他們在你身上獲得這個機會。世界上沒有所謂分隔獨立的自我。我們跟歷代先人一脈相傳，就好像相續綿延的河流。

與心靈祖先一起安坐

坐禪時，你不只跟血脈相連的祖宗一同靜坐，也跟精神上的祖先一同修持。你的心靈祖先也是你的一部分。你可以邀請啟發你的心靈祖先，例如摩西、耶穌或穆罕默德跟你一同吸氣、享受呼吸。他們也存在於我們的每個細胞裡。

同坐共修

一個人坐禪很美妙，跟朋友一起則讓禪修更容易。越南話有個說法：「吃飯時要配湯。」練習正念時，必須有朋友作伴。大家一起靜坐，會創造出強而有力的集體正念能量。團體共修時，我們從他人的靜坐品質獲得利益，也從每個人的修持得到好處。大家在一起講的話不多，卻成為一個集合的有機體，一同產生智慧。一起靜坐時，每個人對整體的品質都有所貢獻；這種集體的能量比個人

的能量還強大。共修就像讓河水融入海洋。聽到鐘聲，每個人了了分明地觀照呼吸，創造出集體的正念能量。這種集體能量很有支持力，能夠有效地幫助我們得到智慧和轉化困境。修行者受益於共修的能量，更能擁抱自己的痛苦。你可以默默地說：「親愛的朋友，這是我的苦。請各位同修幫助我全然接納這份痛、這份苦。」

成群飛鳥

跟別人一起練習靜坐時，你什麼都不用做。基本的練習就是坐在那邊、跟隨呼吸，體驗大夥一起共修的喜悅。想像有一群鳥在空中飛翔，每隻鳥都有自己的位置，而且每隻鳥對整個 V 型隊伍都有所貢獻；牠們默契十足，一同翱翔。由於每隻鳥都是隊伍的一分子，不需要特別用力。牠們受益於集體的能量，不需要飛得那麼辛苦。一起在空中飛翔很愜意，當我們一起坐禪，也是這麼彼此支持著。我們每個人都真正為自己而在，為彼此而在。

互相幫助

團體共修時，你不只在照顧自己，也在照顧團體。有人坐得穩定安詳，對你也有幫助，能夠這樣安坐的人對整個環境都會帶來影響。當我看到有人坐得這麼安穩，會想坐得跟他一樣，真正把我的存在貢獻給大家，因此我的存在也具有幫助群體的品質。集體能量滲透進每個人，讓大家在貢獻的同時也在接受。

幫助朋友

跟你一起坐禪的某個同伴，內心可能承受巨大的恐懼或絕望，只是沒說出口而已。她坐在那裡，努力不表現出來，而你安穩地坐在那裡，就已經在幫助她了。你的存在彷彿在說：「別擔心，我在這裡陪妳。我會幫妳接納、擁抱內心的恐懼與絕望。」一個人要獨自承擔許多痛苦並不容易，但是藉著群體的集體能量就有可能辦到。

回到花園的園丁

坐禪時,你就像回去照料花園的園丁。花園裡所有的動植物都因為園丁的歸來而歡欣鼓舞、從中受益。坐禪時,你回到自己,回到身體、感受、情緒和認知來照顧它們。這是好消息。

坐禪引導

坐禪引導不是什麼新發明，兩千五百多年前的佛陀時代就採用了。就算你喜歡靜靜地坐，跟隨坐禪引導也能帶來好處。坐禪引導是深觀內心的機會，讓你在心中播下善的種子，然後讓那些種子發芽茁壯，成為轉化苦的善巧方便。坐禪引導也能幫助我們正視長期逃避的痛苦。把苦看得更透徹，就會明白苦的根源而解脫束縛。

喜悅

坐禪時，可以試試以下的禪修引導，讓身體平靜下來、充滿喜悅。以下每一段短詩都是一首修習用的偈頌。第一遍時，把每一行詩句念給自己聽。第二遍時，可以只用第三行的關鍵詞。吸氣時，默念一詞；呼氣時，默念一詞。你可以用一首偈頌的關鍵詞練習幾個呼吸，再進入下一部分的練習。

　吸氣時，完全注意吸氣。氣息不管到達身體的哪個部位，都要感受氣息帶來的寧靜。感受氣息如何讓身體內臟變得清涼，就像在大熱天飲用涼水一般。呼氣時，微微笑，放鬆臉部所有肌肉，神經系統也會跟著放鬆。

坐禪引導是把我們帶回到當下的明光。引導很短，隨時隨地都能練習：在廚房、河岸、公園，不管是行走或站立，躺著或坐著，甚至工作時都能練習。第一首偈頌標示出呼吸與字句的配合，其餘偈頌也一樣。

1 吸氣，我知道自己在吸氣。（吸氣）
　呼氣，我知道自己在呼氣。（呼氣）
　吸（吸氣）／呼（呼氣）

2 吸氣，氣息漸深。
　呼氣，氣息漸緩。
　深沉／緩慢

3 吸氣，我感到平靜。
  呼氣，我感到輕安。
  平靜／輕安

4 吸氣，我微笑。
  呼氣，我放下。
  微笑／放下

5 覺察身體，我吸氣。
  放鬆身體，我呼氣。
  覺察身體／放鬆身體

6 安定身體，我吸氣。
  愛護身體，我呼氣。
  安定／愛護

7 對身體微笑，我吸氣。
  釋放身體的壓力，我呼氣。
  對身體微笑／釋放壓力

8 吸氣，我安定身體。
  呼氣，我微笑。
  安定／微笑

9 吸氣，我安住在當下這一刻。
  呼氣，我知道這是美好的一刻。
  當下這一刻／美好的一刻

與佛同坐

獨自靜坐時，可以觀想佛陀跟你一同坐著。你可以說：「親愛的佛陀，我邀請您跟我一起靜坐。請善用我的背部，我背部的狀況還算不錯。我知道您坐禪時，會幫助我維持背部直挺而放鬆。您呼吸時，我知道您的呼吸有非常好的品質。請用我的肺部呼吸，用我的背部端坐。」佛陀並不是外在的某個神明。我們每個人心中都有正念、安詳和覺悟的種子。坐禪時，就是給這些種子發芽的機會。你邀請心中的佛陀一起坐時，他就會莊嚴地坐著。你什麼都不用做，只要享受佛陀安坐與呼吸。隨著呼吸，你可以對自己這麼

說：

讓佛陀呼吸。
讓佛陀安坐。
我不用呼吸。
我不用安坐。

你發現自己陷入困境，或者覺得煩惱不安、無法安坐，就請佛陀替你坐，這麼一來就容易了。下一個練習是：

佛陀在呼吸。
佛陀在安坐。
我享受呼吸。
我享受安坐。

下一偈是：

佛陀在呼吸。
佛陀在安坐。
我在呼吸。
我在安坐。

一開始，你和佛陀是分開的，然後你們愈來愈近。下一偈是：

只有呼吸。
只有安坐。
沒有呼吸的人。
沒有安坐的人。

佛陀呼吸時，呼吸的質地是輕安的。佛陀

安坐時，坐禪的品質是圓滿的。

佛陀不存在於呼吸或禪坐之外。就只有呼吸和禪坐；沒有呼吸的人，也沒有禪坐的人。呼吸或禪坐達到相當高的品質，身、語、意皆了了分明、散發著慈悲，這時你知道佛陀就在這裡；佛陀不存在於這些狀態之外。我在呼吸，我在安坐。有呼吸這回事，有禪坐這回事。沒有呼吸的人，沒有禪坐的人。

呼吸中帶著喜悅。
禪坐中帶著祥和。
喜悅就是禪坐。
祥和就是呼吸。

跟內在的小孩說話

小時候，身為孩子的我們相當脆弱，必須依賴他人才能存活。你小時候可能受過傷、經歷過恐懼，這些事情不方便與人訴說，所以藏在心裡。現在你已經長大成人，不再是那個脆弱的小孩。你有能力照顧自己、保護自己，但是心中的小孩繼續擔心、繼續害怕。

　小時候的你，跟長大的你既非兩個完全不同的人，也不完全是同一個。內在的小孩跟長大後的成人一樣真實，彼此影響，就像玉米種子在玉米稈中，還是一樣真實。這段坐禪引導是跟你的內在小孩講話的機會，邀請他走出來迎接當下的生命。我們可以讓他知

道再也不需擔憂了，現在一切都可以放心了。

現在，請把兩個坐墊面對面排好。坐在其中一個坐墊上，看著另一個坐墊，想像上頭坐著五歲的自己，如果想像更小的自己比較有幫助也可以。接著，在你正念呼吸的同時，跟內在的脆弱小孩說話。你可以這麼說：「親愛的孩子，我知道你在那裡，我在這裡陪伴著你。如果有什麼話想跟我說，請儘管放心跟我說。」

一會兒過後，讓自己以內在小孩的身分說話，表達從來沒機會講的任何事情。你可以發牢騷，訴說脆弱無助的感覺。身為小孩的你可以用任何語言表達，就算出現恐懼或憤

怒這類情緒也沒有關係。

　　接著，給自己一點時間覺察呼吸，讓身體平靜下來。再次回到成人的身分，跟內在的小孩談談恐懼和憤怒。讓小孩知道你用心傾聽，而且現在你已經長大，可以保護自己，一切都不會有事。這麼一來，你就能把內在的小孩和長大的自己一起帶到此時此地，更完整地體驗並享受當下正在展開的生命。

與死同坐

我們都知道人生無常，也知道死亡遲早會到來。坐禪是一個美妙的方法，讓我們更能覺察和接納身體無常。人都怕死，但如果熟悉對死亡的恐懼，甚至感到自在，就能開始轉化恐懼。我們覺察到無常，就會更認真地活出生命，也會帶著更多的關愛和覺知過日子。能夠預先設想接納自己的死亡，就能放下許多野心、憂慮和苦惱，也能放下所有讓我們瞎忙的事情。我們會開始過有意義的生活，這對自己、對其他物種和地球都有意義。

隨著呼吸，我們說：

萬法無常。
萬法有生有滅。
生滅的分別破除時，
此寂靜稱為大喜。

　　這首偈頌是佛陀所有教法的總結。後兩句講的是如雷震耳般的寂靜，也就是所有臆測、哲思、概念和想法都止息時的寂靜。

　　與死同坐的坐禪引導提醒我們，只要有現象的出現，就有生滅。深入觀照時，就會發現無生無滅。我們就像空中的雲朵，從來沒有滅去，從來沒有從有變成無。雲可以變成雪、冰或雨，但是沒辦法變成沒有；雲不會死。超越生死的觀念，就不再害怕無常。

寫 出 自 己 的 偈 頌

　　你可以寫出自己的練習詩，幫助你回到當下、接觸到自己真正的意願。選擇一個你想帶入生命的元素，以及一個你想放下的元素。你可以配合呼吸，用以下的偈頌回到那意願上。

吸氣，＿＿＿＿＿＿＿（A）

呼氣，＿＿＿＿＿＿＿（B）

A.［吸氣］

B.［呼氣］

　　以下是例子：

吸氣，我覺察到身體的緊繃。
呼氣，我放下身體的緊繃。
覺察緊繃／放下緊繃

吸氣，我穩定煩躁的心。
呼氣，我感到輕安。
穩定／輕安

吸氣，我接觸到秋天涼爽的空氣。
呼氣，我對秋天涼爽的空氣微笑。
秋天的空氣／微笑

相 關 書 籍

《覺醒的喜悅》（*Awakening Joy*）
　　詹姆士‧巴拉茲（James Baraz）與蘇珊娜‧
　　亞歷山大（Shoshana Alexander）合著

《自在》（*Be Free Where You Are*）
　　　　　　　　　　　　　　　　　一行禪師 著

《當下自在》（*Being Peace*）
　　　　　　　　　　　　　　　　　一行禪師 著

《呼吸：日誌》（*Breathe: A Journal*）
　　　　　　　　　　　　　　　　　一行禪師 著

《呼吸，你活着》（*Breathe, You are Alive!*）
　　　　　　　　　　　　　　　　　一行禪師 著

《平靜、輕安、微笑、呼吸》
（*Calm, Ease, Smile, Breathe*）
　　　　　　　　　　　　　　　　　一行禪師 著

《深度放鬆》（*Deep Relaxation*）
　　　　真空法師（Sister Chan Khong）著

《祈禱的力量》（*The Energy of Prayer*）
　　　　　　　　　　　　　　　　　一行禪師 著

《幸福》（*Happiness*）

一行禪師 著

《回到家，我看見真心：讓家成為修行的空間》
（*Making Space*）

一行禪師 著

《動中禪》（*Mindful Movements*）

一行禪師 著

《正念時刻》（*Moments of Mindfulness*）

一行禪師 著

《寧靜之心》（*Peace of Mind*）

一行禪師 著

國家圖書館出版品預行編目資料

怎麼坐 / 一行禪師（Thich Nhat Hanh）著 ; 吳茵茵譯. --
初版. -- 臺北市 : 大塊文化, 2015.10
面 ；　公分. --（smile ; 123）（跟一行禪師過日常）
譯自 : How to sit
ISBN 978-986-213-638-6（平裝）

1. 佛教修持　2. 靜坐

225.87   104018307